অনুভবে কবিতা

ইলা সরকার

editionNEXT, Kolkata, India
www.editionnext.com

“Anubhabe Kabita” :: A Collection of Bengali Poems by
Ila Sarkar

© Author

International Edition

Cover: Uday Bhattacharyya

First Edition: July 2024

Publisher: Mousumi Bhattacharyya
FD 16/1, Baguiati, Kolkata- 59
Website: editionNEXT.com
Facebook: facebook.com/editionnext
Twitter: twitter.com/editionnext
eMail: Link “Contact Us” in editionNEXT.com

উৎসর্গ

ভাইপো পারিজাত সরকার ও ভাইঝি লোপামুদ্রা সরকার -কে
উৎসর্গ করলাম।

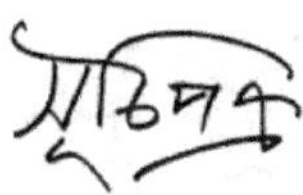 সূচিপত্র

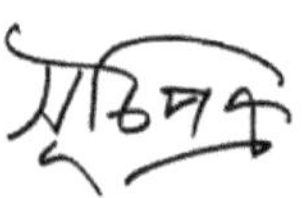 সূচিপত্র

প্রত্যক্ষ

কবিকুল বড়ো বাক্য বাগিশ
বৈজ্ঞানিক একটু মৃদু ভাষ।
কবি উচ্ছ্বাস প্রবণ ভাবালু
বৈজ্ঞানিক যুক্তিবাদী ও কৃপালু।
কবি আবেগের স্রোতে ভাসে
আর উনারা নিজস্ব জগত মাঝে।
ভারী আকর্ষণীয় চালচলন
কবি বুঝতে পারে না তাঁর মন।
যেন কী হিসাব করে চলছে
আর ফাঁক পেলে কথা বলছে।

কপালে এটা ছিল

কতো আশা ছিলো ছেলে বড়ো হয়ে রোজগেরে হবে
তাঁর ভগবান মুখ তুলে চাইবে।
রক্ত জল করা পরিশ্রমের মূল্য পাবে
বাকি জীবনটা ছেলে বৌমা নাতি পুতি নিয়ে সুখে কাটাবে
হায় সে আশায় জল ঢেলে দিলো সর্বনাশী নিয়তি
বর্তমান ভবিষৎ কেবল অনিশ্চিত গতি।
নানা রূপে অরূপ
ভুলে যাবে কী স্বরূপ?

একার জীবন

বয়স কালে যে যার পছন্দ মতো সঙ্গী বাছে
সারা জীবন সুখে দুঃখে ভালো মন্দে এক সাথে
নিবিড়তা বাড়ে পরস্পরের সাহচর্যে
জীবনের এই ধর্মের বন্ধনে আমি বিফল মনোরথে।
অবশ্য চলছি একার বুদ্ধি সামর্থে
সুখ দুঃখ ভাগ করি ঐশ্বরিক ভাবেতে।

পড়শীর জ্বালা

ভগবান আর কত ক্ষতি সইবো
শয়তানের অশুভ ভার বইবো?
দিন যায় অজুহাত খাড়া করে
কি না গাছ পালা ঘর বাড়ীর উপরে যাবে পড়ে।
কখনো আবার মারাত্মক যুক্তি দেখিয়ে
নিরীহ মানুষের ঘাড়ে দায় দেয় চাপিয়ে।
দিন যায় মাস যায় বছর গড়ায়
বিকৃত মনের রোগ বেড়ে যায়
ক্ষতি চলতেই থাকে
দূরত্ব বোধ মন থেকে জাগে।

ললিত কলা

কামাই করেছি তার সাথে আরো কত ধান্দাবাজ এর ঘুরঘুর
মোলায়েম কথা আর আশার হাতছানি দুর্বার।
যার টানে পকেট হয়েছে ফাঁক
ঘুরেছে কি ভাগ্যের বাঁক?
তবুও আমি ছাড়িনি হাল
তালে তাল মিলিয়ে দিয়েছি তাল।
স্বর্গ, মর্ত্য, পাতাল, দেব, দানব রসাতল
কাব্য লক্ষ্মী দান করেছেন বেতাল।
হয়নি বেহাল
আর হইনি বেচাল।

পরের ঘা

অমানুষ খুন করতে পারে না
কিন্তু বাক্য বানে দেয় যন্ত্রনা।
এমন মর্মে বেঁধে
খুনের চেয়ে বেশী বোধে।
আজীবন মনে ক্ষত সৃষ্টি
মনে নিয়ত অশ্রু বৃষ্টি।
এরাই ভয়ঙ্কর শয়তান
যার কারণে বিপন্ন সম্মান।

লক্ষ্মী লাভ

লক্ষ্মী লাভ করতে অলক্ষ্মী পুজা
বাহির জগৎ টা অলক্ষ্মীই সর্বে সর্বা
তার দাপটে কাঁপে সব প্রজা
কত সহ্য করি লক্ষ্মী তার নেন পরীক্ষা।
তার কাজ সুষ্ঠ ভাবে যত সমাধান
তখনি তিনি করেন বরদান।
আর সুখে দুঃখে জীবন যাপন
অলক্ষ্মীর দাপট কিন্তু থাকে সমান।

সবাই সমান

ভিতরের গলদ চাপবে কত দিন
বেরুবেই সময়ে অপেক্ষা দীর্ঘ ক্ষণ।
যেদিন ঘটবে বিস্ফোরণ
সেদিনের রূপ দেখে চমকাবে মন প্রাণ।
মানুষের কুৎসিত স্বার্থপর কাজের ধরণ
সমাজের শান্তি শৃঙ্খলা করে হরণ।
এসব দেখে গুটিয়ে নিয়েছি নিজেকে হয়ে সচেতন
বুঝতে পেরেছি কেউ নয় অন্তরঙ্গ জন।

জোর যার মুলুক তার

ঘোলা জলে মাছ ধরতে তাকত লাগে
বালু ঝড়ের মুখোমুখি সামলে থাকে।
যে সমানে আশ্বাস বাণী ছড়াতে পারে
তার জয় অবশ্যই এ ভুবন পারে।
কে সাধু কে চোর কে ভালো কে খারাপ
আদতে কেউ নয় ধোঁয়া তুলসী পাতা যুগটা যে ঘোর কলি বাপ।

কথাই ধন

কলি যুগে ভালো মনের মানুষ পাওয়া দুস্কর
আপাত ভালো অন্তরটা প্যাচ এ ভরপুর।
সহজ সরল মানুষ সহজে পড়ে গাড্ডায়
ভালো মানুষী পনা হাস্যকর পর্যায়।
তাই শুনো হে অন্তরতম প্রিয়
ভেবে শুনে কথা বলিও।

যার জগৎ

জীবন কোনো দিন কি থামে
পরপারে যাবার পরে ও জীবন থাকে।
কষ্ট, আরাম, সুখ, দুঃখ যেমন এখানে
তেমনি অনুভবে আলো অন্ধকার ও সেখানে।
কাজের ফল পেতে হবেই
জন্ম জন্মাতরেই।
ভগবান সব দেখেন
বলা চলে ফলাফল দেবেন।
ছোট বড়ো জাতের বাছ বিচার কি করেন
শ্রেণী বৈষম্য কি মানেন?
কি জানি ভাবি তিনি মহান ও শক্তিমান
তার সবার প্রতি সমান প্রেমদান।
চান তাঁর মনের মতো সৃষ্টির প্রতিদান
স্বর্গের ন্যায় একটু পৃথিবী বাসির শান্তি বিধান।

বাঁচার জন্য

উপযুক্ত খাদ্য, বস্ত্র, অর্থ, আশ্রয়
আর বংশধর দের নিশ্চিত উপায়
সব পরিবারের কাম্য
কিন্তু খোলে কজনের ভাগ্য?
এই নিয়ে প্রচুর ফাটকা বাজি
অসৎ পথে পেতেও রাজি।
সব সময় হয় কী শেষ রক্ষা
ফাঁকি দিয়ে কেটে পড়ে দেখায় লব ডঙ্কা।
অর্থ যায় ভিটে মাটি চাটি হয়
পথে বসিয়ে কুজন পালায়।

কবি ও বিজ্ঞানী

বিজ্ঞানে আছে বিশেষ জ্ঞানের চর্চা
কবিত্বে আছে ছন্দ রসের তরজা।
মনের মাধুরী মিশিয়ে কবির কবিতা
সত্য সুন্দর বাস্তব কল্প লোকের কথা।
বিজ্ঞানী বড়ো ছোট উদ্ভাবনে মাতোয়ারা
উঠে পড়ে আদা জল খেয়ে লেগে আত্মহারা।
জীব জগতের এক অদ্বিতীয় কাণ্ডারী
কবি তাঁর পথের দিশারী।
একে ও অন্যের প্রতি শ্রদ্ধাশীল
উভয়ই মনুষ্য জীবনে সাবলীল।

ভারী কষ্টকর

আইবুড়ি থাকার শাস্তি আমি পেয়েছি ভালোমতোই
যৌবনটা যেন কেটেছে কন্টক শয্যায়।
উঠতে বসতে গালি আর বিবাদ
নস্যাৎ করে দিয়েছে যত মতবাদ।
এতো ছোট করেছে আমার মান
মনটা ভেঙে চুরে খানখান।
মাথা হয়েছে এতো গরম
যে দিন দিন অশান্তি বেড়েছে চরম।
সম্পর্কে মাধুর্য গেছে কমে
দিন গুজরান কোনো ক্রমে।

গণনা

ভাগ্য নিয়ে নানান মুনির নানা মত
এই নিয়ে ব্যবসা চক্র খুলে বসেছে কত অসৎ।
অনেকে ভুলে পা দেয় সেই চক্রে
যাতে ভাগ্য পথ যেতে পারে না বক্রে।
তো মনকে প্রবোধ দিয়ে অর্থ ঢালে
শেষ পর্যন্ত কয়টা গণনা ঠিকঠাক মেলে?
তবু জ্যোতিষ চর্চা জনপ্রিয়
আর লাখ লাখ মানুষ মানুষীর তাতে আগ্রহ।

রেমাল ঝড় প্রসঙ্গ

মনে হয় অন্ধকারে পথে ছুটোছুটি করি
কিন্তু মনটা আমার বাঁধনহারা
প্রাণটা ইঁট, কাঠ, পাথর, বালির খাঁচায় পোৱা
তাছাড়া মেয়ে মানুষ বলে ও ভয়ে মরি।
সেটা মানুষ জন্তুর জান্তব তাড়নার জন্যে
মেয়ে দেখলে অন্ধকারে কুকুরের মতো হবে হন্যে।
তাই রোমাঞ্চ থেকে বঞ্চিত
জানালাতে চোখ রেখে কিছুটা দৃশ্যত।

ঝড় বৃষ্টির রাতে

প্রকৃতি আজ বিদ্রুপ ও নির্দয়
কোথাও আবার একটু সুসময়
গরমের জ্বালা হতে রেহাই
গ্রাম বাংলায় বিদ্যুৎ নাই।।
জলা ভূমি হতে শুধু ব্যাঙের ডাক
শনশন হাওয়ার সাথে বৃষ্টির ঝাঁক।
পথ ঘাট সুনসান
যে যার বাড়ীতে অবস্থান।
মনে যে কি একটা অপরূপ অনুভব আসে
মনে হয় ঢুকে পড়েছি পুরোনো যুগের মাঝে।

মানুষ খেকো

রক্ত খেকো বাঘ তার শিকার পেলে গ্রোগ্রাসে গেলে
বাধা দিলে শিকার এর লোভ দ্বিগুন বাড়ে
বাধাদান কারীকে মেরে ফেলে
নতুবা সুখের জগৎ ভেঙে চুরমার করে।
মানুষ নাম ধারী যে সব জন্তু আছে
তাদের চরিত্র ও এমনি সমাজে।

ফাঁস

পতনের রূপ আমি দেখেছি জীবনেতে
চেনা মানুষের মুখে মুখোশ পড়তে
প্রেমের জাল পেতে নাটুকে পনায় মন ভোলাতে
আর কলঙ্কর কালি মাখাতে।
সে কালি আজও লেগে আছে পিঠে
কেউ কথা বলে না মিঠে।
মুখ ঝামটা খেতে খেতে
জীবন যায় ব্যাথা সইতে সইতে।

ভক্তের কথা

এতো কষ্ট পেয়েছি যে মনে হয় সময় সময়
একটুও ভগবান ভালোবাসে না আমায়।
একবারে হাড় মাস কালি করে
যত রকম কষ্ট দিতে পারে
দিয়েছে আমার জগতে ভরে
সুখ শান্তি বিসর্জন যেন চির তরে।
হয়তো আমি তাঁকে ভা লোবাসিনি
তাই সেও আমাকে ভালোবাসা দেয়নি।
শুনেছি তাঁকে ভালোবাসলে
সেও ভালোবাসে দিল খুলে।
কারণ ভক্ত যদি কষ্ট পায়
তাঁর ও কষ্ট হয় যারপরনাই।

আক্কেল সেলামি

যার যেখানে মানায় সেখানে বাস
থাকে বেশ খোশ মেজাজ।
মানুষ তা মানবে কেন
সব জায়গায় তার অধিকার যেন।
ফলে প্রজাতি কূল বিপন্ন
তারা ও ক্ষেপে উঠে বন্য।
এইভাবে ঠান্ডা যুদ্ধ কায়েম
মানুষের আক্কেল বেশ কম।
ফল স্বরূপ পরিবেশ এর নষ্ট ভারসাম্য
জগতে নেমে আসে অকালে দুর্ভাগ্য।

ভীষণ জ্বালা

গরম দিন দিন বাড়ছে
হিমালয়ের বরফ গলছে।
তবু উষ্ণায়ন এর হের ফের না ঘটছে
মানুষের ভীষণ কষ্ট হচ্ছে।
যার টাকা আছে শীত তাপ নিয়ন্ত্রিত কক্ষে আরামে
বাদবাকি সব পাখার হাওয়ার পাকে।

গোয়াল এর ঘাস

জগৎ আমার ছোট্ট
কিন্তু গুন পনায় বড়ো বড্ড।
আশপাশের কেউ বিশ্বাস করে না গুণী
তাদের কাছে শুধুই ধনী।
তো অন্তরের বিকাশ হোক সর্বত্র
একদিন ঠিকই পাবে পরিচয় পত্র।

গরমের দুঃখ

এলোমেলো ভাবনা দেয় ভীষণ যন্ত্রনা
গরমের জ্বালাটাও তার উপর কমনা।
ঘুমিয়ে পড়ে যে শান্তি পাবো
তার বিকল্প কি করে আর খুঁজবো?
এতো গরম এই বাংলায়
আম, কাঁঠাল, লিচু, জাম পেকে যায়।
এই টুকুই শুধু রসের ভান্ডার
আর চার পাশে শুধুই হাহাকার।
গরিবের কারখানা, মাঠ, রাস্তা ঘাটে ঘাম ঝরানো শ্রম
জীবন যুদ্ধ যে কি কঠিন হাড়ে হাড়ে মালুম।

আনমনা

আজকাল এতো অবিশ্বাস মানুষের উপরে
সন্দেহ কাঁটা জ্বালায় শরীরে।
ভাবি কেন এতো হাবা
সরাসরি না বলে চুপচাপ থাকা।
একটু তো কবিত্ব আসে অসময়
তখন বাহ্যিক জীবন বড়ো অসার ময়।
যদিও কোনো কিছুই তুচ্ছ নয়
তবে লেখাটাই মূল্য বান বোধ হয়।

পেয়েছি কি কমল

কবে বেশী বাস্তববাদী হবো
সরস্বতীর থেকে লক্ষ্মীকে প্রাধান্য দেবো?
বাগদেবীর কৃপা পাওয়া নয় চাট্টিখানি কথা
একবার তার চরণ পদ্ম পেলে জীবনে স্বার্থকতা।
হায় সত্যি কি পেয়েছি তার আশীষ
কবিতা তো লিখি সময় বিশেষ।

ধরা সায়ী

আসল নকলের বাড়াবাড়িতে
পড়ে থাকে মুখ থুবড়ে এককোনে তে।
তার আর হয় না মাথায় চড়া
জীবন স্রোত কেবলি ভাঁটায় ভরা।
নিজের মতো নিজের জগতে
চেনা পরিচিতির মধ্যে।

সেয়না

চোর ভারী সেয়না
বুঝতে দেয়না।
জন সমক্ষে ভালো
অন্ধকার এলে মুখ কালো।
ঢাকা থাকে যত পাপ
কেড়ে নিয়ে বাড়ায় তাপ।

খারাপ লোক

পরেরটা নেবে
নিজেরটা কি দেবে?
নিলে কি যে মুখ খারাপ
শুনে বেড়ে চলে রাগ।
এতো বজ্জাত যে
পোকা পারায় ভালো মানুষে।
এরা ঘোর তরো নর পিশাচ
কখনো কোরো না বিশ্বাস।

দেমাক

লোকের সব বিরাট টাকা
তাই সব সময় ঘ্যামে থাকা।
কথাই বলে না ডেকে
ঠোক্কর লাগলে ও মুখ যায় বেঁকে।
সব দালান কোঠা হাঁকায়
ধরাকে সরা জ্ঞান করে তাই।

গভীর জলের মাছ

কত অভিনয় নিখুঁত না হলে
ভালো মানুষদের মতো কথা বলে।
লোকে ধরতেই পারে না
ভিতরে কতটা শয়তানি পনা।
সন্দেহ যদি ও বা জাগে
অকাট্য প্রমান তো লাগে।
তো বদমাস মহানন্দে
ঘর সংসার নিয়ে মাতে।

বেহায়া

লোকের একটুকরো জমি পেয়ে তার উপরে বৃক্ষ বপন
পরের জমিতে পোদ্দারি করে ছোট বড়ো বচন।
লোভের সীমা না বাড়লে
এতো বড়ো জোচ্চুরি কি চলে?
পরের খাবে আর ঘরে টাকার পাহাড় জমাবে
এসব বেশরম লোকগুলি আবার সুযোগ পেলে ঘা মারবে।

ভুল থেকে

মাথা সব সময় ঠিক ঠাক করে না কাজ
ফলে অনেক কিছুই না পেয়ে লোক লাজ।
সময়টা নষ্ট আর ফাঁকে পড়ে হারায় কিছু
মন যেন টানে ভুলের পিছু পিছু।
ভুল থেকেই সময়কে যথচিত ব্যবহার
সাফল্যর হাসিতে হাসবে দেদার।

স্বর্গীয়

প্রেম হৃদয় ঘটিত
আর ঈশ্বর প্রদত্ত।
মনশ্চক্ষুতে আবেগ রঞ্জিত
কলুষ মুক্ত।
স্বর্গীয় ভাব মন্ডিত
পৃথিবীতে নতুনত্ব।
মন প্রাণ সুখে ডুবন্ত
নিন্দা, তিরস্কার এর ঊর্ধ্বে প্রানবন্ত।
জয়ে উন্মত্ত
যত বাধা পরাভূত।
সব ক্ষেত্রে প্রশংসিত
ভগবানের করুণা করায়ত্ত।

প্রেম ও অপ্রেম

বাস্তব ও অবাস্তবের মধ্যে আকাশ জমিন তফাৎ
প্রেম আর অপ্রেম বালু চরের মত।
মিথ্যে তাসের ঘর খেলা ভাঙলে ঝড়
স্বপ্নের বাসর ঘরে আশা নির্ভর।
একটি আলেয়ার মত
অন্যটি আলোক উদ্ভাসিত।
একটিতে শুধুই হতাশা
আরেকটায় কেবল ভরসা।
ঠিক যেন জাগ্রত ও ঘুমন্ত
সত্য ও অসত্যর মধ্যে ধন্দ।

ছদ্মবেশ

কতো অন্যায় আজ ন্যায়
কতো অসৎ আজ সবচেয়ে সৎ হায়!
কতো ধর্ষক আজও বহাল তবিয়তে
ধার্মিকের ছদ্মবেশে মহা আমদে।
সাধুর আজ মাথা নিচু
অসাধুর নাক বরাবর উঁচু।
যে যা নয় তাই সেজে
সমাজে মুখ ঢেকে আছে।

ভগবানের ইচ্ছে

যেখানে এসেছি পড়ে
সেটি ভগবানের ইচ্ছার পরে।
আর কর্মফলের তরে
এইখানেই থাকতে হবে সারাজীবন ধরে।
আবার অন্য কোথাও যাবো গেলে মরে
সেইখানটা ও মানিয়ে নিতে হবে চেষ্টা করে।
ভালো না লাগলেও ভালো লাগাতে হবে
মনটাকে পরিবেশের সঙ্গে খাপ খাওয়াতে হবে।
ভগবানের সন্তান
তিনি যেমন চান
তেমন তো হয়
জীবন তো আমার নয়।

প্রকৃতির খেলা

মেঘ বৃষ্টির লীলা নিকেতন
আমরা বঙ্গ সন্তান
প্রকৃতির খেয়াল খেলায় চলছি আজীবন
মানিয়ে নিতে পারলে সুখেই কাটে রাত দিন।
অসহ্য কে সহ্য করতে কতো ক্ষণ?
আমরা যে প্রকৃতির দান
প্রকৃত ভালোবাসা দিলে রাখে মান।

বৃথাই চেষ্টা ভালো করার

এতো ভক্তি ভাবের বন্যা আনাচ কানাচ
তো কয়টা ভক্তি অন্ত প্রাণ করতে পারি আন্দাজ।
অধঃগামী সবাই অথচ বাইরে ভালো মানুষ
কথায় কথায় ওড়ায় স্বপ্নের ফানুস।
স্বপ্ন ভেঙে যায় দুদিন পরেই
চারদিক হতে হিংসার রক্ত ঝরেই।
কখনো প্রকাশ্যে কখনো গোপনে
কে কতো টুকু তার খবর জানে?

ভাগ্য ভালো হলে

যখন ভাগ্যের চাকা ঘুরবে
তখন সব আশা পূরণ হবে।
চেষ্টার সুফল ঘটবে
জীবন সাবলীল ভাবে চলবে।
কষ্ট টাকে মনে রাখবে না
পথে কাঁটা বিছাবে না।
সামনের দিন গুলি ভালো মন্দ মিশ্রিত
চির নিদ্রায় যখন যাবে তখন ও নিশ্চিন্ত।

বড়ো কবি

বড়ো কবি হওয়া নয় সহজ কথা
পাঠক পাঠিকা সাগ্রহে পড়বে কবিতা।
যে কোন স্তরের মানুষের মন কাড়বে
তার বই পেলে আগে কিনবে।
এমন কবির কথা লোকের মুখে মুখে ছড়াবে
যত দিন যাবে কবির গুরুত্ব বাড়বে।

আজগুবি ভাবনা

প্রেম থেকে বিয়ে
উফ ভাবতেই ভয় পায় এ নিয়ে।
জীবনে যে কোনোদিন সম্ভব
এটা ভাবলেই গা ছমছম।
কোনোদিনও যা হবার নয়
তার জন্য ব্যাকুলতা নয়।
আমি মেনে নিয়েছি এসব এ জীবনে হবে না
তাই ঐ বিয়ের জগৎটাকে মনে করি অবাস্তব কল্পনা।

ভালোবাসা না ভালোলাগা

আদতে ছেলে জাত টাকে বিশ্বাস করি কম
ওরা নিজের পছন্দের দেয় দাম।
নারীর পছন্দ, ভালোলাগা ভালোবাসাকে অবহেলা করে
পৌরুষ জেগে ওঠে নিজস্ব চাহিদার ভরে।
তাই নারী ভালোবাসা করে না
কেউ ভালোবাসলে ও তাকে মনে ধরে না।
ঐ মানিয়ে নেবার প্রাণপন চেষ্টা
অনেক সময় বাজি মাত শেষটা।

শয়তানদের মন

শয়তানদের ভালো মানুষি পনা লোক দেখানো
আদতে ওসব ভান ভিতরে কুচুটি পনা।
ওদের মুখ দেখলেই ভয় জাগে
না জানি আবার কি পিছনে লাগে?
সাপের চেয়ে ও খল প্রকৃতি
বাঘের থেকেও ক্ষিপ্র গতি।
নেকড়ের মতো রক্ত চোষা
কুমিরের মতো নিরীহ চোখের ভাষা।

ঝড়ের মুখে

লোকের দীর্ঘশ্বাসে কখনো ভারী বাতাস
কালো ধোঁয়ায় ভরা আকাশ।
ভগবানের তো থাকে না হুঁশ
তার মধ্যে যা হবার হয় সর্বনাশ
ভুগে মর মনটা হাঁ হুতাশ
নিজেকেই দুর্দশা মুক্তি পাবার চলে প্রয়াস।
এইভাবেই জীবনের বিকাশ বাধা পায়
অনেক কিছুই হারিয়ে সারা জীবন হায় হায়।

এই হলো আমি

নিজেকে এতটা নগন্য মনে ভাবি
কোনো নামি দামি পুরুষের যদি অস্বীকার বা অবহেলা
তবু তাতে মোটেও পাই না যন্ত্রনা
কারণ একাকীই থাকাই আমার ভবিতব্য।
আর কারুর ভালোবাসা পেতে আমি নই লালায়িত
আজীবন একাকী থাকাই পছন্দ।
লোকের দুঃখ দেখে হই দুঃখিত
আমাকে দুঃখ দিলে সবাই উল্লসিত।

কোমল মনের পরিণতি

অন্ধর মতো ভালোবাসে নারী ছাড়া আর কে
ফল তার সবসময় ভালো হয় না যে।
মানুষ না চিনে বুঝে মন প্রাণ সমর্পন
কলঙ্ক তখন হয় অঙ্গের ভূষণ।
মর্যাদা পায় না মোটে
সফলতা খুব কম ঘটে।
অনেক সময় নরকে পতিত
ঘর বাধা আর হয় না শেষ পর্যন্ত।
মান, ইজ্জত লুট হয়
ঘটে ভাগ্য বিপর্যয়।

পাঁকে চক্রে

মেয়েরা ভালোবাসতে পারে না
ভালোবাসতে হয় ঘটনা চক্রে
ভালোবাসলে ও তার স্বীকৃতি পায় না
অপবাদ, বদনাম সঙ্গের সঙ্গী হয় আজীবন।
সমাজে নারীর ভালোবাসা মানে বাভিচার
কাউকে ভালোবাসার একচেটিয়া অধিকার
একমাত্র পুরুষ তান্ত্রিক জগতে
নারীকে অনিচ্ছা সত্ত্বেও হয় মানতে।

স্বপ্নের রাজধানী

অর্থ লুটে নেবার জায়গা হলো কলকাতা
নিকট, দূরের সব শ্রেণীর লোক ভিড় করে হেথা।
কতো রকম ভাবে পসরা সাজিয়ে
কামাই করে মন প্রাণ মজিয়ে।
রসনার তৃপ্তি, সাজ সজ্জার বাহার
জাগতিক যত আছে উপাচার
সব ঢেলে দেয় উজাড় করে
অর্থ লোটে দু হাত ভরে।
বাড়ী, গাড়ী, সম্পদ সব পায়
কলকাতা সবারই প্রিয় তাই।

মা-বাবা

মা চলে গেছে তবে টান আছে
বুঝতে পারি অচেতন মন মাঝে।
মা যে খুব ভালো বাসতো
নিজের খাবার থেকে আমাকে দিতো।
আর যখন রোগে পড়তো
কি মন খারাপ না করতো।
যতদিন না ভালো হতো
মনটা উদাস থাকতো।
কিছুই ভালো না লাগতো
সেরে গেলে খুশিতে মন টা নাচতো।
আবার সুস্বাদু রান্না করা খাবার খাওয়াত
বাবা ও হাঁফ ছেড়ে বাঁচতো।
হায় তিনারা গেছেন কোন অজানার দেশে
এ জীবন চলে গেলে দেখা হবে কি শেষে?

জ্ঞান হীন

সবাই বাড়ির সামনে দিয়ে যায়
খক খক করে কফ ফেলে হায়!
যত ঘৃণার কাজ কি এইখানেই
প্রশ্ন করে করে উত্তর খুঁজে না পাই।
সহানুভূতি তো দেখি গুটি কয়েক জনার
বাদবাকি শুধুই শয়তানি পনার।
ভেবেও ভাবে না
কি এমন অন্যায় কাজ করা যার জন্য এমন বিজাতীয় পনা।

নিজের ঢাক

আর কতো দিন নিজের ঢাক নিজে পিটাবো
কেউ যখন পাত্তাই দেয় না তখন তো বলবো।
আমাকে সাধারণ মানুষের মতো মনে করে আম জনতা
যেন কোন দিন দেখে ও নি মুখটা।
তখনি বাড়ে দুশ্চিন্তা
দিতে হয় নিজস্ব পরিচয়টা।

কাজের কথা

ভিতর আর বাইরের মানুষটার পরিচয় জেনে
আস্থাটা ক্রমশ কমে দিনে দিনে।
মানুষের সংজ্ঞা বদলে গেছে
ভালো খারাপ সব্বাই মিশে
মুনাফা লোটা র কাজ চলছে নিরন্তর
প্রয়োজনে সাপের মুখে ব্যাঙের মুখে চুম্বন আকছাড়।

কুটুম্বিতা

কুটুম্বিতা এমন দায়
সব গাঁটের কড়ি প্রায় ব্যয়।
তবু সন্তোষ উভয়ের
ভালোবাসার খাতিরের।
পরে কি খাবো ঠিক নাই
তবু তো মান না যায়।

যার যেমন ভাব

জীবে প্রেম আজ ও দেখি
সচেতন নাগরিক ভাবি।
বাদ বাকি সব স্বার্থের জন্যে
স্বার্থ ফুরালে প্রেম ভাব শূন্যে।
বাণী গুলি আজ প্রচারের দৌলতে
জ্বল জ্বল করে আলো ছড়ায় দিগন্তে।

ভণ্ডামি

ভগবানের নামে ব্যবসা
ভগবানই যোগাবে ভরসা।
হুমকি দেখিয়ে থামাবে সত্যি
ভগবানের বিচারে সমূহ ক্ষতি।
শুধু পাপের ভারা যখন পূর্ণ
তখনি শাস্তি বিধান আসন্ন।
মূর্খ ভন্ড বোঝে কম
লোকের কাছে ফায়দা লোটে হরদম।

মিলমিশের অভাব

তরপায় গরজায় আঁতে ঘা মারলে
সন্দেহ গ্রস্থ বাতিকে ভুগলে।
কাউকে বলবার আগে
সত্যতা যাচাই করবে,
তারপর ঢিলটি ছুঁড়বে
বিপক্ষে পাটকেলটি ও খাবে।
অন্নদাতা ভগবান ভার বইবে
যদি ও সব সময়ে সহাবে।

ঝেঁপে বৃষ্টি

অনেক গরমের পরে ঝেঁপে বৃষ্টি
চারপাশ ঠাণ্ডায় অপরূপ সৃষ্টি।
শরীর মনে জ্বালা কমায়
গাছপালার প্রাণ জুড়ায়।
পাখী গুলো কোথায় পালায়
রাস্তায় লোকের দেখা নাই।

ভাবে জল ঢালা

দেশের হালচাল বড়ো খারাপ
ভাব ভালোবাসার অভাব।
একে অপরকে টপকাতে মত্ত
কোনঠাসা করতে ব্যস্ত।
সবাই গাঁয়ে মানে না আপনি মোড়ল গোছের
যতটুক পারে ছল চাতুরী করে গুছায় আখের।
সম গোত্রিয় কে দলে টানে
ভাবের মানুষের সঙ্গে পিরিত সজ্ঞানে।

বদলে গেলো

আকাশ জুড়ে তান্ডব নৃত্য
প্রকৃতি আজ তার ভৃত্য।
ঝম ঝম বর্ষা
মেঘের রং নেই ফর্সা।
মেঘ গুড় গুড় বাজ কড় কড়
সাথে হাওয়ার বেগে দমকা ঝড়।
পুকুর জলে ভর ভর
মাছের ঝাঁক ভয়ে জড়ো সরো।
সব ঘরে আটকা
এক নিমেষেই কি রূপের ঝটকা।

ঘ্যাম

সবার আজকাল বিশাল ঘ্যাম
মুখ ছাড়লে ভুলায় বাপের নাম।
তাই তো কেউ কারুর দুঃখে নয় বিগলিত প্রাণ
নীতি হলো চাচা আপন বাঁচা মান।
তো সবাই মুখে কুলুপ এঁটে
ঘুরছে ফিরছে পথে ঘাটে।
বেশ একটা চৌকোশ গোছের
আদতে মনে প্যাচ জিলিপির ধাচের।

ভালো থাকতে

সুখের স্বপ্নে দুঃখ সহা
দুঃখের দিনে ধৈর্য্য রাখা।
আসন্ন বিপদে সতর্ক থাকা
কালো দিন উৎরাতে ভগবানকে ডাকা।
কেটে গেলে দুঃসময়
কাছে টানে সুসময়।
এই তো জীবন
বিপরীত ধর্মের মিলন।

অস্থির

সতর্কতাই জীবন থেমে থাকাই মরণ
আনন্দ নয় শেষ কথা
নিরানন্দ ও আনে শুভ বার্তা।
আসলে জীবন যাত্রা জটিল
খুঁজে পাই না অন্তমিল।
ভালো আজ যা
মন্দ কাল তা।
কোনো স্থিরতা নেই আজ কাল
যুগ ধর্ম বড়ো বেচাল।

ইনাম

কতখানি গুন না থাকলে লোকের সমাদর
কত বড়ো দোষ না করলে অনাদর?
ভেবেছো কি মন
কেন অঘটন?
দুষ্ট শুধু আঘাত হানে
শিষ্ট তাকে বেঁধে মানে,
নুতন জগৎ সৃষ্টি করে
দুষ্ট জনারণ্যে ঢুকে পড়ে।

কাজে যায়

গৃহিনী ঘর ছেড়ে বেরিয়েছে পথে
কাজ করতে।
শ্রমিক সাজে প্রতিদিন গৃহস্তালী সামলে
লক্ষ্য তার সংসারের শ্রী বৃদ্ধি।
কেমন জেদী মনে ছুটছে
অলক্ষ্মীকে পূজা করে লক্ষ্মীর ভান্ডার ভরাবে।

যুদ্ধ

বেশ একটা যুদ্ধ ভাব
ক্ষমতা দখলের ডাক।
মন হরণ করা বাণী
হৃদয় পট রানী।
আসছে দিন বদল
খেলা আসল নকল।
জয় পরাজয় লীলা শেষে
মানুষ আবার শান্তির দেশে।

উত্তপ্ত

সব জায়গার লোকের আচরণ সমান যদি হতো
তাহলে তো খুবই ভালোই হতো।
কিন্তু তা হয় না কেন
অশান্তির আঁচ মনে যেন।
চাই দ্রুত সমস্যার সমাধান
তবু রোজ কার খবরে ইতি বাচক নয় তেমন।

পছন্দ

কেউ রাজনীতির পূজারী
দেশকে ভালো করতে একনিষ্ঠ
আপদ বিপদে শক্ত হাতে হাল ধরি
জঞ্জাল তাড়াতে বিপক্ষকে অভিযোগে পিষ্ট।
জনতার মন যা ভালো বোঝে
তেমন দলকেই পোষে।

অধর্মের জয়

নামে কাটে না ধারে কাটে
চোর হলো সাধু মহারাজ বটে
তার নামে জয় ধ্বনি রটে
যা রটে কিছু তো ঘটে।
তবু বড়ো বড়ো ভাষণ জনতার হাটে
রাতকে দিনের মতো সাজ ঠাঁট বাটে।

স্বাতন্ত্র্য

কোটি জনতার ভিড়ে আমি ও একজন
তফাৎ কেউ করতে পারবে তখন
বিশেষ গুণাবলী প্রদর্শন হবে যখন
সাময়িক আলোড়ন তুলবে জনমন।
এর বাইরে বেশী কিছু নয় তেমন
দেশটা যে স্বাধীন ও নাগরিকগণ সচেতন।
বিশেষত্ব যদিও আছে এমন
সহজেই তকমা নই কো সাধারণ।
আমরা সবাই রাজার দেশে
প্রজা যদিও আছি রসে বশে মজে।

চুপচাপ

জনতার মন জয় নয় চাট্টি খানি কথা
জনতার হৃদয়ের মধ্যে যার আসন পাতা
সহজে তার গ্রহণ যোগ্যতা।
ঘুর পথে যদি জল ঘোলা
সহজ পথ নয় খোলা।

জারিজুড়ি

পাপের ষোলো কলা যতক্ষণ না পূর্ণ
বিরাজ করবে দুঃস্বপ্ন।
ক্রমশ পর্দা ফাঁস
দুরাশা হবে হ্রাস।
ভগবানের নেক নজর পড়লে
অন্যায় দূরে যাবে চলে।

প্রশাসক

সতী লক্ষ্মী এক ঘরে
অসতী শাসন করে।
দিন এগোয় কিন্তু হাল একই
খোল নলচে স্ব মহিমায়।
যত তুখোড় পাপী তাপীর রমরমা
সৎ মানুষের মাথা নিচে নামা।

বুদ্ধি ভ্রম

ভালো যারা বাসে না
অপমান করতে বাধে না
খারাপ কথা বলতে পিছপা না
বিকৃত স্বভাবে ক্ষেপামি ছাড়ে না।
চরিত্রের উন্নতি হয় না
উপরটা একটু ভদ্রতাপনা।
এসব মানুষের সঙ্গ দোষে ভালো ও দুষ্ট
এসব মানুষকে মানুষ ভাবতে ও কষ্ট।

মন তোর বশে

রাজা আসে রাজা যায়
কার ভাগ্যে কে খায়?
যে যার কর্ম ধর্মে বাঁচে
কে কার বাড়া ভাত কাড়ছে?
যে যার গোপন মন্ত্রে চলে
যথা সময়ে সুফল ফলে।

ঘোলা পাঁক

এখন আমি ও ঘরে বসে
কেউ নয় বশে।
যেন কিছুই জানি না
কিন্তু এই দৃষ্টি ভঙ্গী মানি না।
তাই অসি ছেড়ে মসী ধরে
জন অরণ্যে চৈতন্য বাণী ঝরে।
পরিচয় হবে ঠিক সময়
কে আদতে সঠিক গুন ময়।

বিবেক প্রণাম

বাঙালির নয়ন মনি তথা বিশ্ব বাসির হৃদয় হরণ বিবেকানন্দ
ইহ জগৎ থেকে মহাপ্রস্থান চৌঠা জুলাই উনিশশো দুই খ্রিস্টাব্দ।
তিনি জীব প্রেমের রেখেছিলেন দৃষ্টান্ত
তাঁর পদাঙ্ক অনুসরণ করে মানুষ পান দেবত্ব।
আজও সমান প্রাসঙ্গিক হিংসা বিধ্বস্ত বিশ্ব
তাঁর মত ও পথ যত লালিত পালিত তত জগৎ হবে স্বর্গ।
বেলুড় মঠের সন্ন্যাসী গণ যত করবেন সাধন ভজন
তত জগৎ কল্যাণ ব্রত হবে পূরণ।
এই দিনে দিকে দিকে তাঁর বাণী ও আদর্শ স্মরণ
সশ্রদ্ধ চিত্তে জানাই হার্দিক অভিনন্দন।

বর্ষা উৎসব

বর্ষা এসেছে মরা গাঙে বান ডেকেছে

মাঠে ঘাটে বাটে সাড়া পড়েছে।

চাষী, মজদুর কোমর বেঁধেছে

গাছের প্রাণে সুর জেগেছে।

পাতায় পাতায় ডালে ডালে হাওয়ায় দোলা লেগেছে

রাখলিয়ার উদাসী বাঁশিতে মন প্রাণ মাতাল হচ্ছে।

দিকে দিকে বর্ষা উৎসব চলছে

নাচ, গান, পূজা, প্রার্থনায় আনন্দময় ছন্দ শোনা যাচ্ছে।

মেঘ গুড় গুড় বাজ কড় কড় ঝম ঝম বৃষ্টি

আকাশে বাতাসে বর্ষার রূপ কি যে মিষ্টি।

বর্ষার বরদান

ষড় ঋতুর দেশে রাজ রানী বর্ষা
বৃক্ষ রাজী জীবজগৎ ভূমি তার উপরে ভরসা।
কি না দান করেন উপর থেকে নিচের জগতে
আকাশ যেন দেবদূত সম বরদান দুহাতে।
বর্ষা কালে নানা পূজা উৎসব পার্বন চলে
জগন্নাথ, মনসা, লক্ষ্মী, গঙ্গা, কামাখ্যা দেব দেবীর আশীর্বাদ ভক্তি
আরাধনার বলে।

বিভেদ

সব শ্রেণী বিভেদের চক্রে ফেঁসে
একটুও বাক্যালাপ করে কি হেসে?
টাকার অঙ্কে যে যত পক্ক
উপরে উঠতে সে ততো দক্ষ।
বলো দেখি নিচের মানুষের অবস্থা
স্বপ্ন সফল করতে প্রতি পদে হেনস্থা।
বড়োলোক গুলো তো পাত্তাই দেয় না
ছোট লোকদের গুনপনা দেখতেই চায় না।

প্রেমিক ভাব

প্রেমিক প্রেমিক ভাব
তবু প্রেমের অভাব
ভান করা স্বভাব
অভিনয়টা খুব খারাপ।
এই রঙ্গে ভুলে
পকেট যাবে ঝুলে।
ততদিনে যা হবার হয়েছে
লাভের গুড় পিঁপড়ে খেয়েছে।

হিতে বিপরীত

সুখ যদি কেউ দেয়
বিজ্ঞানেই একমাত্র সম্ভব পর হয়।
জীবনের আগাগোড়া স্বাচ্ছন্দ্য
বিজ্ঞানীর দ্বারা হতে পারে নেইকো সন্দেহ।
অপব্যবহার করলে সভ্যতার বিপর্যয়
বিজ্ঞান তখন অভিশাপময়।

পরিবেশের বিষয়

ভিতরে ভালো ভেবে যা করছি গ্রহণ
আদতে তা সব ভালো যথোচিত নেই প্রমান।
খারাপ ভালো পার্থক্য নিরুপন
তারপরেও অনেক অঘটন।
আমরা নানা পরিবেশের শিকার
অনেক ক্ষেত্রে নিরুপায় হয়ে ভুগি অপার।

হারা

উদ্ধত যৌবন
ভরা প্লাবন
স্বামী পরদেশে
অশ্রুতে যায় ভেসে
শান্তির উদ্দেশে
যাত্রা নিরুদ্দেশে
ভালোবাসার মানুষ খোঁজে।
প্রতিটি ভোরে
ঘুম ঘোরে,
প্রাণনাথ কে হাত উঁচু করে
প্রার্থনা অন্তরে।

বড়ো হবার উপায়

লোকের বাড়ী গাড়ী করে ক্ষমতা জাহির
কত অর্থ ভরাট কার লক্ষ্মী ভান্ডার।
আমার বীণাপানির চরণ কোমল স্পর্শ করার তোড়জোড়
উৎসাহ বিশ্বের আনাচে কানাচে তাঁর বাণী ছড়াবার।
নাই বা থাকল অর্থের প্রাচুর্য
শুধু প্রতিভা হোক জীবনের ঐশ্বর্য।

যে যতটুকু পারে

সবাই এগোয় কেউ বা পিছোয়
হয়তো ভাগ্যের লীলা খেলায়।
ভেঙে যাবে স্বপ্ন বাসর
তবু জমাট আশার পাহাড়।
এই আশা স্বপ্ন কেবলি জ্বালায়
দিন রাত তার পিছনে ছুটে বেড়ায়।
নাই বা হলো মনের মতো সব
তবু যত টুকু পায় তাই নিয়ে বিজয় উৎসব।

দেখতে চাই

যে গ্রামের মানুষের মনে বিদ্বেষ পোষণ
পাশাপাশি বাস করে ও আপোষ হীন।
দেখে শুনে বুঝে বড়ো আক্ষেপ
যে যত কাঁঠাল ভাঙে পরের মাথায় সেই পায় প্রণাম।
আর বোদ্ধারা পায় পিছন থেকে ল্যাং
কখনো আবার ক্ষেপাটে কুকুরের মতো পিছু লাগে হরদম।
বড়ো দুঃখে মৌনতা ব্রত পালন
দেখতে চাই শুভ শক্তির অবস্থান।

করুণা ধারা

কত অশ্রু সজল সময় পার হয়ে
কত চিতার আগুনে মানুষের মৃত দেহে
বিভীষিকা পূর্ণ ছবি ঘরে টেনে
আপামর জনতার চৈতন্য এনে
আজ আমরা মৃত্যুঞ্জয়ী সুধা পান করি
অকালে ঝরে না পড়ি।

সূর্যের জ্বালা

সূর্যের জ্বালায় লজ্জা ধর্ম কর ত্যাগ
যেখানে সেখানে আলগা হয়ে থাক।
তাতে যদি আক্কেল হয়
মানুষের ক্ষমতার পরাজয়।
শীত তাপ নিয়ন্ত্রিত কক্ষে কতক্ষন
গাড়িতে চড়বে যতক্ষণ
তারপরে বাইরে তো বেরুতে হবে
তখন সূর্যের স্পর্ধা সহ্য করবে।

হার না মানা

সূর্যের তেজ কেন উগ্র
রেহাই পেতে সবাই ব্যাগ্র।
সব অসহায় কার্যত
অসুস্থ, বয়স্ক, শিশু বড়ো অশান্ত।
দিন দিন পরিবেশ ভয়ঙ্কর রূপ
শাস্তি জব্বর পেতে পেতে রাগের ধুম।
তবুও কি জীবন থামে
চলার ধর্মে চলতেই থাকে।
থামবে না হারবে না
সূর্যের স্বভাবকে বরদাস্ত করবে না।

সুখের সন্ধানে

পৃথিবীর সব জায়গা কোনো না কোনো অসুবিধার শিকার
পরিপূর্ণ শান্তি পাওয়া নয় সহজ ব্যাপার।
জীবন ঘিরে অনাসৃষ্টির ধুম
জাগতিক সুখী মানুষের সংখ্যা খুবই কম।
এরই জন্য সবাই আনন্দের সন্ধানে ব্যস্ত
যেখানে যেটুকু পায় তাই পেয়ে ভীষণ সুস্থ।

অসুন্দর

সুন্দর আর সুন্দর থাকছে কি
লোভীর পাল্লায় গোল্লায় যাচ্ছে দেখি।
কেউ কিচ্ছুটি করবে না
স্বৈরাচারীতার পাল্লায় কি পড়বে না?
ও যতই এড়িয়ে চলো না কেন
প্রকৃতির উপরে খবরদারি থামবে না জেনো।

ঘোরের মতো

অস্থির জগৎ
তুচ্ছ ও বৃহৎ।
স্বস্তি ক্ষণ স্থায়ী
শান্তি পরিযায়ী।
মানাতে মানাতে বৃদ্ধ
চিনতে চিনতে বাক রুদ্ধ।
কখনো ভাবতে পারি না যা
অহরহ ঘটে চলছে তা।
এখানে নয় ওখানে
জীবনে নয় মরণে।
চোখের সামনে থেকে
মনের ভিতর থেকে কে বলে ডেকে
এখানে সুখ নাই শান্তি নাই
ভগবানের দুনিয়ায় বড়ো কঠিন ঠাঁই।

হায় নজরুল

নজরুলের কারার ঐ লৌহ কপাটে
আজ স্বদেশি জোচ্চর ঢোকে সপাটে।
ভেঙে ফেলার লোক কি জোটে
পাপের পাহাড় আকাশ মার্গে ওঠে?
এমন দশা হবে একদিন কবি ভাবেনি স্বপ্নেই
তাঁর স্বপ্নের ভারত দুঃস্বপ্নে পৌঁছেছে স্বদেশির জন্যে ই।

বৃষ্টি এলো

এই তো ছিলো রোদ ঝলমল
ধীরে ধীরে আকাশে মেঘ টলমল।
ঝর ঝর করে নামলো বর্ষা
বাড়ালো চাষীদের ভরসা।
শুষ্ক নদী, খাল, বিল জলে থৈ থৈ
মাঠে বল খেলা নিয়ে জোর হৈ চৈ।
গাছের শরীর থেকে সোদা গন্ধ
হাওয়ায় ভাসছে পাতাদের ছন্দ।
মন প্রাণ শীতলতায় জুড়ায়
পথ, প্রান্তর জল কাদায় মুড়ায়।
ঘুম ঘুম ভাব আসে
শয্যা পরে শিশু খিল খিলিয়ে হাসে।

কলকাতার বৃষ্টি

কলকাতার বর্ষা যখন নামে

গরম ভাপ বেশ একটু কমে।

জল থৈ থৈ রাজপথে

পথিকের জুতো ওঠে হাতে।

গাড়ি গুলো ডুবু ডুবু প্রায়

কি যে দশা হায়।

কতো পথচারী বিদ্যুতের খুঁটিতে শক খায়

কতো অজানা মানুষের প্রাণ যায়।

নালা নর্দমার জল উপচে রোগ জীবাণুর দল ঘরে ঢোকে

কাতারে কাতারে মানুষ রোগ ব্যাধিতে ভোগে।

বৃষ্টি সবসময় সুখ দায়ক নয়

পরিবেশ যেখানে প্রতিকূল হয়।

মায়াবী

কেমন করে আকাশের রূপ বদলে
প্রাকৃতিক পরিবেশ পরিস্থিতি অন্য রকম!
চলা ফেরা খাওয়া পরার ছবিটা
দেখে মন ভাব সাগরে ডোবে।
আগের সুখ দুঃখের কথা ভুলে
নতুন ঢেউ আসে ঘরের কোলে!
মানুষের মনটাও যেন কিসের আমেজ
আমরা ঋতুর বৈচিত্র করি উপভোগ!
পৃথিবীকে ভালোবাসি নিবিড় মমত্ব বোধে
ছেড়ে যাবার কথা ভাবতেই পারি না!
আর যখন যাবো তখনো বুঝতেই পারি না
বলি আমি বাঁচতে চাই!
এখানেই চিরদিন থাকতে যে চাই
এই হলো মায়াবী পৃথিবী কি যে রহস্যময়।

ঝুঁকি পূর্ণ যাত্রা

কুয়োর ব্যাং লাফ দিয়ে উঠলাম আমি ইলা কবি
সটাং একবারে বিশ্বের অঙ্গনে
ভয়ে ভয়ে তাকালাম আর ডাকি প্রানপনে
ওগো এ কোথায় এসে পড়লাম বল দেখি।
অজানার আশঙ্কায় ভয় ও আমোদ বেশ
ইষ্ট নামের ভরসায় গাইঘাটা থেকে পাড়ি বিদেশ।
পরে ভাবি জন্ম হোক যথা তথা কর্ম হোক ভালো
অবিশ্বাসের দুনিয়ায় বিশ্বাসী দেখায় আলো।

কেরামতি

দেখতে দেখতে সইতে সইতে দিন এগোয়
ঋতুর বদল হয়ে যায়।
তবু লক্ষণ গুলো শেষ হয়ে ও হয় না শেষ
বেশ কিছুদিন থেকে যায় তার রেশ।
অধৈর্য্য হয়ে জ্বালাতন বেশ
ধীরে ধীরে পরিবর্তন অবশেষে
আগের কষ্ট ভুলে নতুন কষ্টের দেখা জীবন সকাশে।
এভাবেই মানিয়ে নিতে অভ্যস্ত অনেকে
যারা পারে না ব্যয়রামে ভোগে।

একই থাকা

অনেক আলো আঁধারে হেঁটে
আজ পৌঁছেছি একটা নির্দিষ্ট গন্তব্যে
যেখান থেকে উদ্দেশ্য পূরণ ঘটে
আমির করিস্মা ছড়িয়ে পড়েছি বিশ্বে।
তবুও সাধারণ আছি সবারই মধ্যে
কাউকে তো দেখিনি আলাদা খাতির করতে।